54
Lb 1567.

LAMARTINE

A MACON

DISCOURS A SES COMPATRIOTES
DE SAONE-ET-LOIRE

NOVEMBRE 1848

PARIS
PERROTIN, ÉDITEUR DE BÉRANGER

3, PLACE DU DOYENNÉ

1848

La publication de cette petite brochure a pour but de faire retentir à l'oreille et dans l'âme de chaque citoyen, les belles paroles que M. de Lamartine vient de jeter dans l'intimité de ses entretiens avec ses compatriotes, du haut de ces tribunes improvisées, à la lumière du soleil, et qui semblent agrandir la pensée de l'orateur, en agrandissant l'horizon devant son regard. Ces paroles ne sont pas seulement éloquentes; elles sont vraies et justes; elles viennent du cœur; elles reflètent le véritable esprit de la démocratie, dans ce qu'elle a de plus noble, de plus élevé et de plus généreux; elles consolent nos regrets, raniment nos espérances et fortifient notre foi dans les destinées du pays. C'est pour cela que nous croyons utile d'en multiplier les échos.

Lorsque M. de Lamartine définissait si admirablement le sens et le but de la révolution de Février, en écartant le drapeau rouge au péril de sa vie, en abolissant la peine de mort, en créant la garde mobile, en écrivant son immortel manifeste, en réprouvant les circulaires, en protégeant la France dans l'exercice de sa souveraineté, il ne faisait que mettre en action les paroles qu'il vient de prononcer. Le pays l'en récompensa par dix élections et deux millions de voix. M. de Lamartine n'a pas cessé un seul jour d'être digne de cette glorieuse popularité dont l'auréole a semblé, pendant quelques instants, pâlir sur son front. Aujourd'hui, il pense, il parle, comme il agissait au sein du gouvernement provisoire. La France reconnaîtra dans ces entretiens intimes que nous recueillons, le grand citoyen qui a réconcilié la pensée de son siècle avec la démocratie, et qui après avoir dévoué sa vie et sa popularité au triomphe de la concorde et de la modération, permet au peuple d'oublier ses services et de délaisser son nom, à la condition qu'il continuera son œuvre en fondant la République à l'image du cœur et de la raison de la France.

LAMARTINE

A MACON.

M. de Lamartine n'était attendu à Mâcon que le 18 octobre. Mais l'illustre orateur, informé qu'on lui préparait une ovation, avait eu soin de devancer de vingt-quatre heures l'attente de ses concitoyens. Il n'a fait que traverser la ville et s'est rendu immédiatement à sa terre de Monceaux.

Aussitôt que le bruit de l'arrivée de M. de Lamartine a été répandu, le rappel s'est fait entendre dans toutes les rues, et à trois heures, la garde nationale, en uniforme, colonel et lieutenant-colonel en tête, est partie pour Monceaux, qui est situé à plus de deux lieues de Mâcon.

Arrivés à Monceaux, les gardes nationaux auxquels s'étaient joints une foule de citoyens et de personnes des environs, se sont rangés en bataille, en face du château. M. de Lamartine s'est avancé pour les remercier, et M. Carteron, maire de Mâcon, lui a adressé en ces termes l'hommage de la reconnaissance et de l'admiration de son pays.

« Monsieur,

« Vos compatriotes, vos amis, toute la garde nationale de la ville de Mâcon, heureux de vous voir, de vous embrasser, viennent, dans l'allégresse de leur cœur, dans l'effusion de leur amour fraternel, tempérée néanmoins par le respect et l'admiration qu'inspire le plus grand et le plus magnanime des citoyens ; ils viennent, dis-je, vous donner un public et éclatant témoignage de leur profonde estime et de leur reconnaissance pour l'auteur glorieux et le défenseur éloquent de notre belle République.

« Vous avez, Monsieur, reçu deux fois le baptême de gloire : la première fois, lorsque, sur les marches de l'Hôtel de Ville, vous avez, par la force de votre éloquence, la fermeté de votre caractère et l'intrépidité de votre attitude, fait tomber à vos pieds les poignards dirigés contre votre poitrine par une foule insensée ou égarée ; lorsque vous avez, avec une noble fierté, élevé aux yeux de toute la France notre beau drapeau tricolore, et que, par la toute-puissance de votre parole, vous l'avez entouré d'une sainte et brillante auréole. Pour admirer de pareils traits, il faut remonter dans l'histoire et y rechercher les Lycurgue, les Coligny et les Guillaume Tell.

« Vous avez reçu votre second baptême de gloire lorsque vous êtes sorti triomphant et pur de cette infamante conspiration qu'avaient ourdie contre vous la calomnie et l'envie, la mauvaise foi et l'ignorance.

« Vos fidèles Màconnais ont repoussé avec indignation ces traits odieux. Ils sont heureux et fiers d'avoir pu, dans leur modeste sphère, contribuer à la réhabilitation du plus illustre des Français, de celui que nous proclamons tous et que nos neveux proclameront le plus généreux et le plus vertueux des hommes.

« Vive la République! Vive M. de Lamartine! »

M. de Lamartine s'est avancé alors sur le perron qui domine la terrasse, et du balcon, galerie de fleurs ainsi improvisée en tribune populaire, il a répondu :

« Chers concitoyens,

« M. le maire de Màcon, votre éloquent et bienveillant organe, vient de me dire que vous m'apportiez un baptême de gloire pour la part que la Providence m'a donnée dans les événements qui se sont accomplis depuis que je vous ai quittés. La gloire est toute à Dieu, qui a protégé et qui protégera la France! La gloire est toute au peuple, qui a fait la République et qui saura la consolider par sa discipline et par sa sagesse, après l'avoir conquise par son courage! Je n'accepte ici d'autre baptême que celui de votre affection. (Bravos. — Vive la République!)

« Et cependant, chers concitoyens, je ne le nie pas: c'est un beau jour, c'est le premier moment de repos et de jouissance privée pour moi, depuis la fondation de la République, que celui où je me retrouve entouré, comme au départ, des marques de votre amitié, et où je parle, le pied sur le seuil de mes foyers, à cette foule de mes concitoyens restés mes amis, comme si je voyais dans chacun d'eux un membre de ma propre famille. Oui, c'est là un beau jour, le plus beau ou du moins le plus doux de mon année. Et savez-vous pourquoi? Ce n'est pas seulement parce que j'ai concouru à préserver une révolution si soudaine de tout excès et de toute honte; ce n'est pas seulement parce que j'ai accepté, écrit et défendu ce que le peuple avait proclamé, la République; ce n'est pas seulement parce que j'ai conservé à la France, contre le drapeau rouge, symbole de violence et de sang, le drapeau du vrai peuple et de la gloire pure, le drapeau tricolore. (Applaudissements.)

« Ce n'est pas seulement parce que, avec de courageux et dignes collègues, nous avons pu faire traverser, sans catastrophes et sans souillures, à un peuple soulevé, l'époque la plus terrible qu'un peuple sans gouvernement ait peut-être jamais traversée! Non; c'est pour un autre motif que ce moment où je vous revois est si doux pour mon cœur. Et ce motif, je vais vous le dire, comme je le disais ce matin, en approchant de vos murs, à ma femme, à la compagne de mes voyages et de ma vie : il faut avouer, lui disais-je, — pardonnez-moi si je vous révèle ces confidences de l'intimité domestique, — il faut convenir que l'histoire offre peu d'exemples de la situation où je vais me trouver tout à l'heure, à mon retour dans ma ville natale.

« Voilà un simple citoyen qui a été élevé, élevé

tout à coup, il y a dix mois, par le hasard, avec quelques hommes qu'il connaissait à peine, à la tête d'un grand peuple, au sommet d'une révolution ; qui a accompli pour sa part, à la tête et au nom de ce peuple, une des révolutions les plus complètes, les plus inattendues, les plus entières : le passage d'une monarchie de quatorze siècles à l'état républicain ! Et voilà ce même homme qui, tombé ou descendu du pouvoir sans regrets, et après l'avoir remis aux mains plus fortes et plus sûres de l'Assemblée souveraine nationale, rentre, quelques mois après, dans sa demeure, sans caractère public, sans dignités, sans gardes, entouré de l'estime et de l'amitié de ces concitoyens, comme avant, accueilli par le sourire de tout le peuple; pouvant, comme je vais le faire tout à l'heure, se mêler dans tous les rangs de la population, serrer les mains laborieuses de l'ouvrier, du vigneron, de tous, et s'endormir ensuite paisiblement sous son toit, sans qu'une famille puisse lui demander compte d'une larme, d'une spoliation, d'un emprisonnement, d'une violence, d'un abus de pouvoir (Tout le peuple applaudit à plusieurs reprises.), sans que le souvenir d'une goutte de sang, versée par son ordre ou par sa faute, tache ses mains devant Dieu ou devant le peuple, et s'élève, comme un remords, entre ses concitoyens et lui, entre son sommeil et lui ! (Nouveaux applaudissements.)

« Eh bien, citoyens, vous voyez ce miracle devant vous ! Je suis un de ces hommes ! (Vive Lamartine ! Vive la République !)

« Oui, me voilà. Je vous rapporte une révolution innocente! C'est la première fois peut-être qu'on associe ces deux mots dans l'histoire. Je vous apporte le règne régulier et constitutionnel du peuple! Je vous rapporte l'abolition de la peine de mort en politique, et de l'échafaud! Je vous rapporte le droit politique désormais acquis et égal pour tous les citoyens! Je vous rapporte le suffrage universel, qui vous permet de réfléchir, de juger, de choisir vous-mêmes, non plus vos maîtres, mais les représentants les plus dignes, par leurs lumières et leur vertu, d'être les dépositaires respectés de votre propre souveraineté! Je vous rapporte la paix, conservée jusqu'ici à toutes les nations par la modération et par la répudiation de toute conquête injuste par la République! Je vous rapporte l'unité de la représentation dans une seule Assemblée souveraine!

« Je vous rapporte enfin l'élection du président de votre République par le peuple, afin que tout soit fort, populaire et vrai dans le gouvernement, et que le pouvoir exécutif, mieux obéi par vous, soit vous-mêmes, représentés dans votre suprême magistrat! Votre sort est maintenant dans vos mains; c'est à vous de faire périr ou durer votre révolution. Elle durera, elle se régularisera, elle se consolidera, c'est moi qui vous le dis, si vous êtes constamment à la hauteur des généreuses pensées qui vous ont fait proclamer la République. (Vive la République!)

« Sans doute, il y a encore de douloureuses difficultés à franchir! Des tempêtes comme les révolutions ne se pacifient pas complétement en peu de jours. Il y a encore des vagues qui battent le rivage après que le coup de vent a cessé de souffler ! Il y a surtout le mal de l'inquiétude, qui ne se dissipe qu'avec le temps. Cette inquiétude, ce défaut de sécurité dans les esprits, pèsent sur le travail, sur le salaire, sur la propriété, sur les transactions, et font souffrir tout le monde, en alarmant la propriété ! C'est à vous de rassurer tout cela par votre calme, par votre raison, par la suppression de toute agitation funeste aux affaires, par la confiance, par la sécurité que vous inspirerez à tous les partis, à toutes les opinions, à toutes les classes de citoyens dans la République ! Si la République n'est pas unanime, elle courra toujours des dangers, car elle aura toujours des ennemis.

« Vous ne pouvez la rendre unanime qu'en la rendant acceptable, honorable et sûre à toutes les opinions, à tous les partis nationaux, à toutes les classes de citoyens ! Voilà la vraie politique du peuple. Ceux qui divisent la République la perdent en voulant en faire le monopole d'une seule opinion ! Notre République à nous, c'est la France libre ! Ce n'est pas seulement nous et nos amis au pouvoir ! (Applaudissements.)

« Citoyens, encore un mot. Ce mot s'adresse plus spécialement à mes compatriotes de Mâcon, à ces braves artilleurs, à ces braves gardes nationaux qui ont franchi une telle distance pour venir embrasser en moi un frère revenant parmi eux.

« Citoyens, les révolutions sont mobiles comme les tempêtes; je l'ai éprouvé, je m'y attendais. Pendant que les plus odieux soupçons de complicité absurde avec les insurgés, que je combattais de la parole et de la main; pendant que l'injure, le dénigrement, la calomnie submergeaient momentanément mon nom, je ne me suis pas plaint. Je pensais à vous; je faisais appel intérieurement à ma ville natale, à mes concitoyens de Mâcon. Je me disais : Ceux-là me connaissent du moins! Ils ne me dénatureront pas au jour des faux jugements de l'opinion publique! Citoyens, je ne me trompais pas en me confiant à vous : vous avez séparé vous-mêmes la vérité du mensonge; vous avez fermé vos cœurs aux rumeurs, aux ressentiments, aux malveillances des partis; vous ne m'avez pas cru un seul jour indigne de mon pays et de vous! (Non! non!) Grâces vous soient rendues! C'est un exemple de fidélité de l'opinion, nouveau aussi dans l'histoire des peuples.

« Des hommes mille fois supérieurs à moi en talents et en patriotisme ont été méconnus de leurs proches! Mâcon a été plus équitable, ou du moins plus bienveillant pour un de ses concitoyens! Ah! je le disais avec reconnaissance à Paris, et laissez-moi vous le redire aujourd'hui, la main sur le cœur de chacun de vous : si nous avons créé pour les drapeaux de la France une belle devise, composée de ces trois mots sublimes : Liberté, Égalité, Fraternité, qui flottent en ce moment sur le toit de ma demeure, il faudrait en ajouter un quatrième sur le drapeau de la généreuse ville de Mâcon, inaccessible à l'injustice, sourde à l'ingratitude et fidèle à son estime pour ses concitoyens déchus du pouvoir : il faudrait y ajouter le mot de Constance, qui est la devise de votre générosité pour moi et de mes sentiments pour vous ! »

(Vive la République ! vive Lamartine ! vive la garde nationale de Mâcon !)

Lundi, 23 octobre, une députation du corps municipal de Cluny, la garde nationale, la compagnie de sapeurs-pompiers et un nombreux concours de citoyens de cette ville sont venus spontanément à Monceaux offrir à l'illustre représentant le tribut de leur sympathique admiration. La foule enthousiasmée s'est groupée dans un ordre pittoresque autour du perron du château, qui, encore une fois, allait servir de tribune à l'éminent orateur.

Prenant la parole au nom de tous ses concitoyens, M. Sainte-Croix Aucaigne, commandant de la garde nationale, a prononcé une chaleureuse allocution, qui se terminait à peu près par ces mots, adressés à M. de Lamartine :

« Inspiré par les doctrines fécondes de la démocratie, vous avez puissamment concouru à fonder en France la République; plus tard vous avez su, par votre courage, votre patriotisme et votre génie, la retenir d'une main ferme dans une voie à la fois large et pure. Désormais, il vous faut compléter votre œuvre;

affermir et rendre éternelle notre jeune République, en consentant à en accepter la présidence, à laquelle vous êtes appelé depuis longtemps par tout ce que le pays renferme de cœurs généreux et reconnaissants. »

Après ces paroles, qui ont été couvertes d'applaudissements et suivies de cris d'approbation, M. de Lamartine, en proie à une vive émotion, s'est avancé et a prononcé le discours suivant :

« Citoyens, magistrats, gardes nationaux de Cluny !

« Vous m'avez trompé ! J'ai cru que quelques-uns de vos magistrats seulement viendraient m'entretenir ici des intérêts de la République et des intérêts plus rapprochés de l'arrondissement. Je ne m'attendais pas à ce que les chefs et l'élite tout entière de votre garde nationale et de votre ville franchiraient une distance de huit lieues, à pied, pour venir saluer le retour d'un compatriote ! Si je l'avais su, je ne l'aurais pas permis ; je serais allé moi-même à Cluny, au-devant de votre accueil, dans cette ville où les vieux murs de la maison de mes pères me rappellent que j'ai aussi, comme à Mâcon, des concitoyens et des amis ! (Oui ! oui ! Vive Lamartine !)

« Citoyens ! je n'accepte, vous le pensez bien, qu'une faible part des éloges que votre digne commandant vient de me décerner. Ne parlons pas de gloire, parlons de patriotisme ! Je ne suis, je n'ai été, je ne veux être qu'un véritable patriote comme vous. Mais y a-t-il donc du mérite à ce patriotisme? Ah! si l'on n'était pas patriote, on le deviendrait au spectacle que vous me donnez ici en ce moment, et qui se renouvelle tous les jours dans ce jardin, dans ce *Champ-des-Fleurs*, comme on l'appelle le *Forum* à Rome, dans ce *Champ-de-Mars* pacifique, sur lequel j'ai passé tant de revues d'amis! Qui n'aimerait pas une patrie si indulgente, si tendre, si généreuse pour ses enfants? La patrie, citoyens, ce n'est pas ce ciel, ces montagnes, ces coteaux que nous habitons, ce fleuve, ce soleil dont les rayons favorables semblent se prolonger exprès au delà de la saison, pour nos fêtes! Tout cela est mort sans l'homme; tout cela est froid sans le cœur, tout cela est inanimé sans le citoyen! La patrie, c'est vous! ce sont les habitants, les cultivateurs, les voisins, les frères, les amis! C'est ce peuple, tenant d'une main ce drapeau que j'ai concouru à vous conserver comme la plus sainte armoirie de la France, et tenant de l'autre main la baïonnette avec laquelle il saura défendre la République qu'il a conquise, la République qu'il va achever bientôt en lui donnant sa dernière institution par la nomination de son président!

« Et ne croyez pas, citoyens, qu'en répondant à la pensée de votre commandant, et en vous parlant de l'élection du président de la république, je fasse la moindre allusion à moi! (Si! si! Non! non!) La France a des centaines de citoyens plus capables et plus dignes que moi de présider à ses destinées sublimes, mais difficiles! (Non! non!) Je vous le répète, je suis bien loin de désirer qu'un fardeau si disproportionné à mes forces pèse jamais sur moi ! Je ne désire qu'un seul titre, qu'une seule épitaphe sur ma tombe, quand elle reposera sur ces collines d'où l'on aperçoit les tours de Cluny : c'est le titre de fondateur, avec vous, de cette République d'ordre, de sécurité, d'humanité et de paix, pour laquelle j'ai risqué, en effet, vingt fois ma vie, pour laquelle je suis prêt encore à risquer mille fois plus que ma vie : ma mémoire et ma part dans la postérité ! (Applaudissements prolongés.)

« Maintenant, citoyens, avant de nous séparer, un mot, si vous le permettez, sur les affaires générales du moment, qui vous préoccupent si légitimement.

« Tous les jours, depuis mon retour ici, on m'accoste, on m'interpelle, on me demande : Que pensez-vous de la République? La République durera-t-elle? la République se régularisera-t-elle? la République sortira-t-elle victorieuse et calme des nuages du doute, des dernières convulsions qui agitent toujours les grandes choses, comme les êtres nouveau-nés dans leur berceau? En sortira-t-elle pour faire le bonheur du peuple souffrant et la gloire de la nation?

« Citoyens, voici la réponse que je fais à vous et à tous, comme je me la suis faite souvent à moi-même, en m'interrogeant sur notre avenir :

« Ou le peuple sera indigne, ou le peuple sera digne de la République. Si le peuple est indigne des institutions républicaines que nous avons osé lui donner; s'il ne comprend pas le mot de république; s'il confond la République avec la révolution en permanence, avec l'agitation sans but et sans fin; s'il la confond avec les excitations des classes contre les classes, du riche contre le pauvre, du pauvre contre le riche; s'il y voit un perpétuel débordement d'oisifs sur la place publique, usant, en démonstrations, en déclamations, en conspirations, le temps et les forces que Dieu nous donne pour le travail, la famille, la patrie; s'il écoute ces hommes d'anachronisme, de contre-sens, de contre-temps, ces *Epiménides* de 1792, qui semblent, comme le premier *Epiménide*, avoir dormi cinquante ans, sans se douter des progrès que le peuple avait faits, pendant leur sommeil d'un demi-siècle, en raison, en lumières, en expérience de lui-même, en conscience, en patriotisme, en sentiment moral et religieux; s'il demande, comme ces tribuns posthumes qui portent des toasts aux jours sinistres de nos discordes de 93, la guerre sans ennemis, des violences sans prétextes, du sang sans soif!..... oh! alors, oui, la République périrait; elle périrait étouffée dans une ivresse de mauvaises doctrines et de faux patriotisme, car les scandales ne sont pas des institutions et durent toujours peu. Et l'Europe et nos enfants se demanderaient, en rougissant de nous : Mais qu'est-ce que c'est donc que cette France qui a consommé tant d'efforts, et tant de paroles, et tant de sang, pour conquérir l'ordre par le peuple et pour le peuple, et qui n'a pas su, après l'avoir conquis, le garder contre les excès et les factions? (Applaudissements.)

« Mais si le peuple en est digne, comme votre présence ici me l'atteste, comme la conformité de vos sentiments et des miens, ici et ailleurs, me le certifie; si la République n'est à vos yeux que la souveraineté de la loi, de la justice, de l'ordre; si, au lieu de saper les bases éternelles de l'État, de la famille, de la propriété, de la morale et du bon sens, il veut élever sur ces bases l'édifice agrandi et amélioré des institutions populaires pratiques et utiles à tous; en un mot, si le peuple ressemble, dans son immense majorité, à vous-mêmes, citoyens! à vous qui êtes ici et qui applaudissez à ces pensées; s'il ressemble à ces admirables populations citadines ou agricoles que je vois venir depuis quelques jours sur ces routes pour saluer leur propre idée de la République dans la mienne! oh! alors, oui, citoyens! la République durera, se réglera, se contiendra, se consolidera, soyez-en sûrs, car vous en serez les défenseurs! Et les enfants de vos enfants viendront un jour, comme vous, saluer ici, et ailleurs sur vos montagnes, plus près de vous, un des berceaux de cette République qui sera la dernière dynastie du peuple, et la monarchie de la raison et de la loi. »

(Vive la République! Vive Lamartine!

Les gardes nationales des communes du canton sud de Mâcon, sous la conduite de leurs maires et commandants, sont venus, le 25, offrir leurs félicitations et leur adhésion à M. de Lamartine. M. Bouchard, chef de bataillon, a adressé au représentant de Paris un discours empreint des sentiments de patriotisme et d'enthousiasme pour la République constitutionnelle, démocratique et modérée, qui réunit la presque unanimité des cœurs et des opinions. M. de Lamartine a répondu en ces termes :

« Braves concitoyens des communes du sud de Mâcon !

« Laissez-moi vous remercier d'abord d'avoir bravé ces nuages, cette intempérie et ce ciel menaçant, pour venir saluer de si loin le retour d'un compatriote ! Mais le drapeau tricolore que je vois flotter sur vos communes, ce drapeau qui a bravé le soleil des Pyramides et les frimas de la Russie, ne craint pas quelques gouttes de pluie. Ce vent qui emporte mes paroles n'emportera pas nos cœurs de nos poitrines ! (Bravo ! Vive la République !)

« Je n'accepte, de tout ce que vient de dire en votre nom votre digne commandant, que le titre d'un des fondateurs de la République, de cette République que je défendrai contre ceux qui tenteraient de la défaire, comme je la défendrais avec vous contre ceux qui voudraient la pervertir et la dénaturer en l'exagérant ! (Bravos.)

« Un mot sur le caractère populaire, mais régulier, que vous et moi nous voulons conserver à la République. Pendant les premiers jours de sa création c'est grâce au peuple, grâce aux héroïques ouvriers de Paris, que nous avons pu maintenir l'ordre, la sécurité, la modération, dans cette tempête de deux millions d'hommes, sans autre gouvernement que nos conseils. Ils ont été admirables, ces ouvriers ! admirables, trois mois, de sagesse, de désintéressement, de courage, de dévouement aux propriétés, de respect pour la vie et même pour les opinions des citoyens ! Je le dirai, à leur honneur immortel, devant l'histoire, comme je le dis maintenant devant vous : Ils ont bien mérité de la patrie ! ils ont bien mérité de Dieu et des hommes ! Je le dis avec d'autant plus de justice que, depuis, une partie d'entre eux a mérité des reproches et contristé le pays par la guerre civile.

« Des conseils pervers, des clubs incendiaires les ont recrutés pour la guerre civile, en leur faisant entendre que la République devait être le monopole de la seule classe des travailleurs des villes ; que la République devait, pour eux seuls, saper les bases de la société connue, se changer en anarchie et en communisme impraticable !

« J'en ai gémi plus que personnne, citoyens, parce que personne n'avait rendu plus hommage que moi à leur honnêteté, à leur misère et à leurs vertus ! Mais, quoique la République, selon moi, doive être tutélaire pour ces classes des ouvriers de l'industrie des villes, leur assurer la vie, leur donner du travail, améliorer toutes les conditions de leur existence autant qu'elle le peut et qu'elle le doit, cependant le monopole de la sollicitude de la nation n'appartient à personne, et le peuple tout entier ne doit pas céder à l'oppression et à l'exigence d'une partie quelconque du peuple ! Cela s'appelle, dans toutes les langues, tyrannie.

« Mais quoi ! il y a d'autres ouvriers aussi respectables que ceux des industries manufacturières des villes. Il y a d'autres *métiers* que ces métiers des professions industrielles, de quelques pieds carrés, sur lesquels cinq ou six cent mille ouvriers forgent le fer, ou équarrissent le bois dans les chantiers de nos capitales ! Il y a ce vaste *métier* préparé, étendu par Dieu, qu'on appelle le *sol*, qui s'étend de la Méditerranée à l'Océan, de Marseille à Dunkerque, sur toutes nos plaines et sur toutes nos montagnes ! C'est la terre cultivable et cultivée ! c'est ce *métier* qui occupe 28 millions d'âmes et de bras en France ! c'est ce chantier qui produit les ouvriers comme vous ! les agriculteurs, les vignerons, les *paysans*, car leur nom se confond avec le nom de *pays* lui-même (bravos !); ces hommes qui vivent de peu; ces hommes qui piochent ou qui labourent, au soleil ou à la pluie, le sol souvent rebelle; ces hommes qui nourrissent la France; ces hommes qui recrutent des armées et qui rendent la patrie invulnérable aux coups de l'étranger; ces hommes qui se marient honnêtement, au lieu de vivre dans de honteux concubinages, pour faire une population nombreuse et forte au pays; ces hommes qui économisent sillon par sillon, cep par cep, pour amasser un petit champ héréditaire à leurs pères, à leurs femmes, à leurs enfants ; ces hommes qui sont patients et sobres ; ces hommes qui aiment leur clocher natal, parce que leur clocher est pour eux le signe de leur double patrie : une ici-bas ! l'autre là-haut dans le ciel ! (Bravos prolongés.)

« Eh bien ! votre commandant me demande si la République ne pensera pas à eux ! si elle ne vous soulagera pas bientôt des fardeaux que la nécessité du temps a fait peser surtout sur cette population des campagnes ! Oui, citoyens, j'ai la satisfaction de vous dire que la République n'a plus rien à vous demander, ni en impôts extraordinaires, ni en levées d'hommes ! Elle ne vous demande plus qu'un sacrifice : un peu de patience pour attendre que la confiance ait tout ranimé ! (On applaudit.)

« Quant à moi, citoyens, je l'y ferai penser. Je suis paysan comme vous, je suis né au milieu des paysans ; leurs intérêts sont ceux qui m'ont toujours préoccupé davantage. J'aime et j'honore les autres professions ; j'estime les honnêtes ouvriers de Paris et des villes ; je fais ce que je peux pour leur donner d'utiles conseils ; je m'efforce de leur persuader que la République ne consiste pas à entendre pérorer toute la journée contre les conditions du travail, contre les riches, contre les commerçants, contre les magistrats, contre les citoyens, à la porte des clubs anarchiques ou dans les places publiques ; à faire des grèves séditieuses pour effrayer le fabricant ou le capitaliste ; à élever des barricades ou à tirer des coups de fusil sur ses concitoyens ou sur ses frères !

Et j'ai le bonheur de vous dire que ces ouvriers, un moment trompés, reviennent presque partout à la raison, à la sagesse, à l'amour de l'ordre, au respect de la propriété et de la société, comme dans les beaux jours de Février! (Applaudissements.)

« Mais, je vous le répète, la république qui me sourit le plus, c'est la république agricole, la république servie, enrichie par les cultivateurs du sol tels que vous, la république d'Helvétie ou la république cultivatrice d'Amérique!

« Votre commandant vient de me dire : « Nous espérons que vous serez président de notre République! » Ah! citoyens, ne faites pas ce vœu pour moi! Que Dieu écarte de ma tête une telle responsabilité! Je ne briguerai pas une seule voix! je les repousserais toutes, si je l'osais en conscience. Mais si ce fardeau m'était réservé, je ne reculerais pas plus que je n'ai reculé en Février, sachez-le bien! Je saurais monter comme je saurais descendre, au premier ordre de ma patrie!

« Mais Dieu m'exaucera; je ne suis point menacé, tant s'en faut, de ce poids de la confiance publique! Mon ambition, savez-vous ce qu'elle est? C'est de revenir bientôt obscurément au milieu de vous, parmi ces braves paysans avec lesquels je suis né, j'ai grandi, dont j'ai bu le vin, dont j'ai mangé le pain noir! Et après avoir été, par hasard, par accident, un des fondateurs, et, si je le puis, un des conseillers, un des modérateurs de la République, de vivre et de mourir, comme un humble disciple de *Cin-*

cinnatus ou de *Washington*, dans le champ que j'ai défriché et sous l'arbre que j'ai planté avec vous ! »

(Vive la République ! Vive Lamartine ?)

La ville de Mâcon se souviendra longtemps de la revue de dimanche dernier, de cette fête militaire que M. de Lamartine lui-même a si bien baptisée en l'appelant la *revue de l'amitié*. A midi, les rangs nombreux de la garde nationale entouraient déjà le vaste quadrilatère de la place d'Armes ; la foule circulait en se coudoyant, et se pressait peu à peu, curieuse et impatiente, derrière les longues files des deux bataillons ; on pouvait apercevoir, au fond de la place, étagée gracieusement sur les degrés de l'église et entre les colonnes du portique, une multitude amoncelée de spectateurs et surtout de spectatrices, avides de contempler dans son ensemble le tableau pittoresque qui s'offrait aux regards.

A une heure, enfin, la musique de la garde nationale annonce, par ses airs patriotiques, et la foule, par un mouvement subit, l'arrivée des autorités civiles et militaires : dès lors, tous les regards, fixés sur le même point, cherchent de loin et suivent le citoyen illustre qui vient rendre la visite de Monceaux.

Cependant, M. de Lamartine, accompagné des autorités de la ville, passe lentement devant le front et dans les rangs de chaque bataillon, accueilli partout par les cris de *Vive Lamartine ! vive la République !* et M. le préfet saisit plus d'une fois l'occasion de féliciter la garde nationale sur son excellente tenue.

Mais la foule était venue pour une fête oratoire, plus encore que pour une fête militaire : on attendait un discours. Aussi, au premier mouvement de la garde nationale, la foule se jeta de tous côtés vers le centre de la place où l'on présumait qu'il serait prononcé. Tout d'un coup, un reflux irrésistible entraîne tous les curieux, hommes, femmes, enfants, qui se précipitent, en criant, en se pressant, en se choquant, en escaladant les bancs de pierre, autour du portique de l'église. M. de Lamartine était sur un des degrés et regardait d'un air pensif cette grande multitude qui s'amoncelait.

Mais ce n'était pas de cette tribune qu'il devait parler. La garde nationale accompagna l'orateur et les autorités au Palais de Justice. Toutes les terrasses qui bordaient la place étaient garnies de têtes penchées et curieuses. Quelques jeunes gens, plus avides encore que les autres d'entendre la parole désirée, s'étaient glissés derrière l'état-major, et nous ont raconté que tandis que l'on étayait la tribune improvisée, tandis que les enfants se hissaient, comme d'habitude, aux barreaux des grilles, M. de Lamartine a dit un mot plein d'à-propos. Au milieu des cris : *Vive la Républque !* une voix ajouta au mot République celui de *démocratique*. Jetée probablement à la légère, cette épithète, bien qu'elle exprime une idée juste et vraie, rappelait malheureusement la sombre devise de l'insurrection de juin : *République démocratique et sociale !* M. de Lamartine dit alors à demi-voix et d'un ton significatif : « Soyez tranquilles : ce n'est certainement pas une République aristocratique que nous voulons vous faire ! » Nous ne savons si l'éditeur responsable de l'épithète entendit, mais le mot qu'il avait lancé ne fut plus prononcé.

Cependant la tribune était préparée ; M. Cerfbeer, préfet de Saône-et-Loire, prononça un remarquable discours auquel M. de Lamartine répondit en ces termes :

« Citoyens de la garde nationale de Mâcon !

« Vos chefs et vos amis ont bien voulu m'autoriser à profiter de cette circonstance qui vous réunit sous les armes, pour venir vous rendre la visite que vous avez daigné me faire à Monceaux. Vous passez la revue du patriotisme ; je viens passer la revue de l'amitié !

« Ce cri de votre amitié, chers compatriotes, j'espère que vous me permettrez de le fixer et de l'inscrire sur le frontispice de ma maison, comme les *armoiries* données, sous la République, par le peuple à un des enfants de Mâcon. L'amitié de toutes les classes du peuple, c'est aujourd'hui la noblesse du citoyen ! (Applaudissements.)

« Je vois d'ici cette maison où je suis né au milieu de vos pères et de vous, où je suis né avec la première République, comme un présage sans doute du rôle accidentel et immérité que je serais appelé à prendre un jour dans la fondation de la seconde République !

« J'ai été bercé aux sons de ces airs patriotiques que votre musique militaire fait entendre en ce moment, et qu'elle fait répéter à tous les échos des capitales de l'Europe. Mes premiers regards ont vu défiler ces légions de volontaires marchant à la défense de nos frontières envahies. Mes premiers enthousiasmes d'enfant ont été éveillés, dans les bras de ma mère, sur cette même place, par des revues civiques comme celle d'aujourd'hui.

« Je me trompe, citoyens : ce n'était pas comme celle d'aujourd'hui. Il y avait alors des résistances et des colères, des licteurs et des victimes de la République, parce que la République était encore un combat, et n'était pas, comme la nôtre, une victoire pacifique au bénéfice de toutes les classes de la population. Il y avait alors des vainqueurs et des vaincus, des émigrations, des confiscations, des proscriptions, des assignats, des maximum, des prisons, des échafauds!... Aujourd'hui, plus rien de tout cela! (Oui! oui! — Applaudissements.) Tous les Français sont en France! tous les Français peuvent se serrer la main dans la République! (On applaudit encore.)

« Citoyens armés pour la sécurité de tous! la République est sous la protection de vos baïonnettes et sous la sauvegarde aussi de notre invincible armée, qui fut de tout temps l'armée du patriotisme et de la gloire, et qui ne perdra rien de ses vertus en n'ayant plus d'autre chef que la patrie!

« Écartez du berceau de la République, gardes nationaux et soldats! écartez de son berceau les pas de l'étranger s'il pouvait songer jamais à menacer le sol natal de la liberté européenne! Écartez-en surtout les factions! et ne les écartez pas seulement avec vos baïonnettes, mais, comme moi, avec vos conseils fraternels! Faites comprendre à vos frères fanatisés par des sophismes, ou aigris par des souffrances, que nous voulons guérir ces souffrances et non les punir! (Bravos.) On leur fait croire qu'on trouve du pain dans le sang; montrez-leur, au contraire, qu'il y aurait du sang dans ce pain, et qu'un pareil pain empoisonnerait la France, la République et eux-mêmes! (Longue sensation.)

« Défendez hardiment le gouvernement! Autrefois, vous pouviez abandonner le gouvernement, comme vous l'avez fait en *juillet* et en *février*; et quand vous l'abandonniez, il tombait. Aujourd'hui, tout a changé. Vous ne pouvez plus vous désaffectionner du gouvernement républicain, car la baïonnette que vous portez n'est plus seulement un privilége, une arme confiée à quelques-uns, comme autrefois. Non, la baïonnette n'est plus une arme : c'est un droit, c'est le titre de citoyen dans votre main; et, par là même, c'est un devoir aussi! Le gouvernement, aujourd'hui, c'est vous-mêmes! Abandonner le gouvernement, ce serait vous trahir vous-mêmes! Le jour où la garde nationale déserterait la loi, ce ne serait plus seulement une révolution, ce serait le suicide de la nation!

« Mais en même temps que vous serez les soldats de la loi et de la force, soyez aussi les soldats de la concorde! (Applaudissement universel.) Soyez la concorde armée pour étouffer dans leur germe tous commencements de guerre civile dans le pays. La concorde! citoyens, c'est la seule base sur laquelle nous puissions fonder notre République! La concorde! c'est le cri du temps! La concorde! c'est surtout le sentiment natal de Mâcon, dont tous les citoyens de toutes classes, de toutes professions, de toutes fortunes, ont toujours eu entre eux des pensées et des actes de frères, bien avant que ce beau mot de fraternité eût été inventé par la République pour en décorer vos drapeaux ! (Oui, oui, bravo !) La concorde ! j'y ai tout sacrifié moi-même, en pensant à vous, en m'inspirant de vous, il y a quelques mois, pendant que je jouissais encore de ce vent de la faveur publique de la France ! (Sensation et redoublement de silence.) Oui, citoyens, j'y ai tout volontairement et sciemment sacrifié, pour que la République ne se divisât pas à son origine dans l'Assemblée nationale. Confiance des peuples, enthousiasme momentané pour un nom, possession d'une part de pouvoir, ambition, popularité, unanimité, suffrages qui se comptaient par millions !... je ne regrette rien de ce que j'ai perdu ainsi ! Je suis retombé, il est vrai, de ces hauteurs de la prédilection populaire où vous m'avez vu quelques jours ; mais je suis retombé sur le cœur de mes compatriotes ! (Oui ! oui ! — Vive sensation et interruption prolongée. Le peuple force une grille pour pénétrer dans la cour du palais et pour mieux entendre.)

« Je suis tombé, vous disais-je, mais je suis tombé sur le cœur de ce généreux peuple de mon pays ! Tomber ainsi, citoyens, ce n'est pas descendre ; c'est monter dans vos sentiments et dans votre indulgence ! Ma récompense, c'est l'union qui a régné, qui règne et qui régnera parmi vous, entre toutes les classes de notre ville natale ! Mon ambition, c'est votre cœur! ma popularité, c'est un sourire et un serrement de main de chacun de ces deux mille citoyens qui forment la garde nationale de Mâcon!

« Vive Mâcon! Vive la concorde! Vive la République! »

D'immenses et unanimes acclamations ont répondu à ce dernier cri poussé par M. de Lamartine avec une chaleur extrême.

Après une brève allocution prononcée par M. le maire de Mâcon, les gardes nationaux ont reformé leurs rangs, et le défilé a commencé. M. de Lamartine, accompagné des autorités, avait été prendre place sur la terrasse du jardin de M. le receveur général, terrasse qui forme une estrade naturelle, ayant vue sur la place d'Armes. Le corps de musique s'est rangé en face de la terrasse et a exécuté ses plus brillantes fanfares, pendant que les compagnies défilaient sous les yeux de l'illustre représentant, que chacune d'elles en passant saluait du geste et de la voix.

FIN.

CATALOGUE
DE PERROTIN

PLACE DU DOYENNÉ, 3.

—

CHANSONS COMPLÈTES DE BÉRANGER, nouvelle édition, *revue par l'auteur*, illustrée de 52 magnifiques gravures sur acier, d'après Charlet, Daubigny, Johannot, Grenier, de Lemud, Pauquet, Pinguilly, Raffet, Sandoz, gravées par les artistes les plus distingués, et augmentée d'un beau portrait d'après nature, de dix chansons nouvelles et du *fac-simile* d'une lettre de Béranger. Elle forme deux beaux volumes grand in-8º, imprimés sur beau papier cavalier, et publiée en *cinquante-six* livraisons; cinquante-deux contiennent chacune une gravure et 16 pages de texte : les quatre autres se composent chacune de *deux Chansons nouvelles*. Prix de chaque livraison : 50 cent. Il a été tiré quelques exemplaires des Gravures sur papier de Chine, épreuves avant la lettre, dont le prix est de 1 fr. la livraison. Prix de l'ouvrage complet : 28 fr.

MUSIQUE DES CHANSONS DE BÉRANGER, 4º édition, contenant les airs anciens et modernes et même ceux des chansons nouvelles. Cette édition, revue avec soin, contient l'air de la Chanson de *Notre Coq*, disposé par M. HALÉVY, pour piano, à deux et quatre voix, ainsi que l'air pour *le Juif errant* et pour *les Souvenirs du Peuple*, par madame MAINVIELLE-FODOR. 1 vol. in-8º cavalier, en 12 livraisons. Prix de chaque livraison, contenant 24 pages : 50 c. Prix du volume de 300 pages. L'ouvrage est complet. 6 fr.

ALBUM BÉRANGER, par GRANDVILLE. Cette collection se compose de 84 dessins, imprimés sur très-beau papier, et forme un volume grand in-8º cavalier, publié en 20 livraisons, contenant chacune 4 bois. Prix de chaque livraison : 50 cent.; sur papier de Chine : 1 fr. Prix du volume : 10 fr.

N. B. Ces bois ne font pas double emploi avec les aciers.

MANUEL MUSICAL à l'usage des Colléges, Institutions, Ecoles et Cours de chant [1], comprenant pour tous les modes

---

[1]. Les élèves des écoles communales qui reçoivent deux leçons par semaine achèvent le premier Cours en six ou huit mois, et dès lors ils font partie des réunions de l'*Orphéon*.

d'enseignement, le Texte et la Musique en partition des Tableaux de la Méthode de Lecture musicale et de Chant élémentaire, par B. WILHEM. Ouvrage adopté par l'Institut de France, approuvé et recommandé par le Conseil de l'Université, adopté par le Comité central d'instruction primaire de la ville de Paris, et par la Société pour l'instruction élémentaire. Les deux cours du MANUEL MUSICAL de B. Wilhem sont publiés, le premier en 8 livraisons, et le second en 7 (total 15), de 32 à 40 pages, au prix de 65 cent. chacune.
— Ces 16 livraisons sont en vente, *mais on peut les retirer à volonté.* Premier Cours broché, 1 vol. in-8º, 5 fr. Deuxième Cours broché, 4 fr. 50 cent. Méthode complète, 2 volumes in-8º, 9 fr. 50 cent. Le MANUEL MUSICAL in-8º est précédé d'une INSTRUCTION SPÉCIALE et très-détaillée sur l'emploi de la *Méthode Wilhem*, pour l'enseignement collectif et simultané du chant.

LA MÊME MÉTHODE, IN-FOLIO, 5º ÉDITION.

GRANDS TABLEAUX DE LECTURE MUSICALE, par B. Wilhem. Premier cours, 50 feuilles in-fº, avec Guide de la Méthode, 8 fr. Le Guide séparément, 1 fr. 50 cent. Deuxième Cours, 45 feuilles in-fº, 6 fr. *Indicateur vocal collé sur bois avec clefs et notes mobiles*, 4 fr. 50 c.

ORPHÉON, RÉPERTOIRE DE MUSIQUE VOCALE, en chœur sans accompagnement instrumental, à l'usage des jeunes élèves et des adultes, composé de pièces inédites et de morceaux choisis dans les meilleurs auteurs, par B. WILHEM. Ouvrage adopté pour les Etablissements universitaires, par le Conseil de l'Université, et adopté par le Comité central de l'Instruction primaire de la ville de Paris et pour toutes les Ecoles communales. 8 volumes in-8º publiés en 96 livraisons. Prix de la livraison de 16 pages, texte et musique, 35 c. Prix du volume de 200 pages : 4 fr.

UNIVERSITÉ DE FRANCE. — CONCOURS MUSICAL.

RECUEIL DES COMPOSITIONS COURONNÉES, ouvrage adopté par l'Université. 1 vol. in-8º de 150 pages de musique. Prix : 3 fr. 50 c. La Commission des chants religieux, usuels et historiques, avait réuni et publié dans une première série, pour être mis au concours, quarante-six morceaux de poésie choisis dans Corneille, Racine, J.-B. Rousseau, Gilbert, Delille, Fontanes, Châteaubriand, Lamartine, Lebrun, Béranger, etc. Ce recueil est formé des compositions musicales couronnées dans le concours ouvert dernièrement par la Commission.

HISTOIRE DES VILLES DE FRANCE, par M. ARISTIDE GUILBERT, et une société de membres de l'Institut, de Savants, de Magistrats, d'Administrateurs, etc., ornée de 88 magnifiques vues sur acier, des armes coloriées des villes, et d'une carte de la France par provinces. 6 volumes grand in-8° jésus, publiés en 368 livraisons à 25 c. Chaque volume de 60 livraisons coûte 15 fr.

DEUXIÈME ÉDITION DES 4 PREMIERS VOLUMES.

HISTOIRE DES DEUX RESTAURATIONS jusqu'à la chute de Charles X, par ACHILLE DE VAULABELLE. 6 volumes in-8°. Prix de chaque volume 5 fr. 4 volumes sont en vente. Ce livre, appelé à un très-grand succès, est le récit des événements les plus importants et les plus ignorés de notre époque; l'auteur, puisant à des sources authentiques fermées jusqu'à ce jour, a dit la vérité austère et impartiale sur ces événements; il déchire le voile épais dont les contemporains semblent avoir pris à tâche de les couvrir.

HISTOIRE DE NAPOLÉON, par ÉLIAS REGNAULT, ornée de 8 gravures sur acier d'après Raffet et Rudder. Prix de l'ouvrage complet : 12 fr. Chaque volume contient la matière de deux forts volumes in-8°.

HISTOIRE DE LA RÉVOLUTION FRANÇAISE, par LOUIS BLANC. 10 volumes in-8°, illustrés de cinquante compositions, dessinées par Raffet, et gravées sur acier. L'ouvrage sera publié concurremment : 1° En volumes sans gravures au prix de 5 fr.; 2° En volumes avec gravures au prix de 5 fr. 75 c.; 3° En livraisons composées chacune de 16 pages de texte in-8° avec gravures (à raison de 50 gravures pour l'ouvrage complet) au prix de 20 centimes.

HISTOIRE DE LA GAULE sous l'administration romaine, par AMÉDÉE THIERRY, membre de l'Institut. 4 forts volumes in-8°. Prix de chaque volume : 6 fr. Trois volumes sont en vente, le quatrième et dernier paraîtra très-prochainement.

LES ÉVANGILES, traduction nouvelle, avec des notes et des réflexions à la fin de chaque chapitre, par F. LAMENNAIS. Deuxième édition, illustrée de 10 gravures sur acier d'après Cigoli, Le Guide, Murillo, Overbech, Raphaël, Rubens, de Rudder, Titien. Un très-beau volume in-8° grand cavalier vélin de plus de 400 pages. Prix de la livr. : 50 c. L'ouvrage complet est en vente. Prix du volume : 12 fr.

ÉDITION GRAND IN-18. 1 fort volume, prix : 3 fr. 50 c.

IMITATION DE JÉSUS-CHRIST, traduction nouvelle, par F. Lamennais. Édition in-18 : 2 fr. 60 cent.; édition in-32, 2 fr. 60 cent.

CHANSONS COMPLÈTES DE BÉRANGER, ornées de 44 gravures sur acier, d'après MM. Bellanger, Boulanger, Bonington, Charlet, Decamps, Delacroix, Grandville, Grenier, T. Johannot, Raffet, Scheffer, H. Vernet. 2 volumes grand-in-18, imprimés sur papier vélin : 13 fr. — 44 livraisons à 30 cent. — L'ouvrage complet est en vente.
La même édition, sans gravures, 2 volumes : 7 fr.

DE L'HUMANITÉ, DE SON PRINCIPE ET DE SON AVENIR, où se trouve exposée la vraie définition de la Religion, et où l'on explique le sens, la suite et l'enseignement du Mosaïsme et du Christianisme, par Pierre Leroux. Deuxième édition ; 2 volumes in-8º ; prix : 10 fr.

ŒUVRES COMPLÈTES DE VOLTAIRE. Nouvelle édition, avec des notes et une notice sur la vie de Voltaire, imprimée sur papier vélin, ornée de 47 vignettes et portraits sur acier. 13 volumes grand in-8º, 100 fr.
Le même ouvrage se publie en 200 livraisons à 50 cent.

ŒUVRES COMPLÈTES DE J.-J. ROUSSEAU, avec des notes historiques ; nouvelle édition, augmentée d'une table analytique des matières, et ornée de 24 vignettes gravées sur acier d'après les compositions de MM. Johannot, Devéria et Marckl ; 4 volumes grand in-8º : 40 fr. Se publie aussi en 80 livraisons à 50 cent.

NOTRE-DAME DE PARIS, par Victor Hugo. Nouvelle édition illustrée de 21 magnifiques gravures sur acier et 34 sur bois imprimées hors texte, d'un grand nombre de fleurons, frises, lettres ornées, de culs-de-lampe, etc., d'après de Beaumont, L. Boulanger, Daubigny, Johannot, de Lemud, Meissonnier, de Rudder, Steinheil, gravés par les artistes les plus distingués. 1 volume grand in-8º, publié en 40 livraisons à 50 cent. Prix de l'ouvrage complet : 20 fr.
Reliure tranche dorée : 25 fr.

THÉODIE, Recueils de chant à plusieurs voix sur l'Histoire Sainte, dans l'ordre même des livres sacrés, à l'usage des Pensionnats, des Ecoles et des Familles.—Poésie de J.-J. Porchat, membre de plusieurs Académies. Musique de Emile Bienaimé, professeur au Conservatoire. Prix de la livraison, composée de 16 pages, texte et musique : 50 cent.
Le volume complet : 6 fr.

PAROLES DE LA THÉODIE, par Porchat. 1 volume grand in-18 ; prix : 50 cent.

L'EMPEREUR ET LA GARDE IMPÉRIALE, par Charlet. L'ouvrage complet se compose de 7 livraisons; chaque livraison renferme six dessins, lithographiés par l'auteur lui-même, et imprimés avec le plus grand soin sur beau papier. La septième et dernière livraison est en vente. Prix de la livraison, imprimée en noir, in-folio demi-colombier : 6 fr.; avec teintes et rehaussée de coloris : 10 fr. 50 cent. Prix de chaque feuille séparée, imprimée en noir, in-folio demi-colombier : 1 fr. 25 cent.; avec teintes et rehaussée de coloris : 2 fr.

ŒUVRES DE J. F. COOPER, traduction de Defauconpret, ornées de 75 vignettes d'après les dessins de MM. Alfred et Tony Johannot; 25 volumes in-8º : 100 fr.

On vend séparément chaque volume 4 fr.

Tome 1. Précaution.
2. L'Espion.
3. Le Pilote.
4. Lionel Lincoln.
5. Le dernier des Mohicans.
6. Les Pionniers.
7. La Prairie.
8. Le Corsaire rouge.
9. Les Puritains d'Amérique.
10. L'Ecumeur de mer.
11. Le Bravo.
12. L'Heidenmauer.
13. Le Bourreau de Berne.
14. Les Monikins.
Tome 15. Le Paquebot américain.
16. Eve Effingham.
17. Le Lac Ontario.
18. Mercédès de Castille.
19. Le Tueur de Daims.
20. Les deux Amiraux.
21. Le Feu-Follet.
22. A Bord et à Terre.
23. Lucie Hardinge.
24. Wyandote ou Fleur des Bois.
25. Satanstoe.
26. Le Porte-Chaine.
27. Ravensnest.

ŒUVRES DE WALTER SCOTT, traduction de Defauconpret, faite sous les yeux et avec les conseils de l'auteur. Nouvelle édition, ornée de 90 vignettes d'après les tableaux de MM. Alfred et Tony Johannot, de portraits, de culs-de-lampe, etc.; 30 volumes in-8º, 120 fr.

On vend séparément chaque volume 4 fr.

Tome. 1. Waverley.
2. Guy Mannering.
3. L'Antiquaire.
4. Rob-Roy.
5. Le Nain noir. — Les Puritains d'Ecosse.
6. La Prison d'Edimbourg.
7. La Fiancée de Lammermoor. — L'Officier de fune.
8. Ivanhoe.
9. Le Monastère.
10. L'Abbé.
11. Le Château de Kenilworth.
12. Le Pirate.
13. Les Aventures de Nigel.
14. Peveril du Pic.
Tome 15. Quentin Durward.
16. Les Eaux de Saint-Ronan.
17. Redgauntlet.
18. Le Connétable de Chester.
19. Richard en Palestine.
20. Woodstock.
21. Chroniques de la Canongate.
22. La Jolie Fille de Perth.
23. Charles-le-Téméraire.
24. Robert de Paris.
25. Le Château périlleux.
26. Histoire d'Ecosse, tome 1.
27. Histoire d'Ecosse, 2.
28. Histoire d'Ecosse, 3.
29. Romans poétiques, 1.
30. Romans poétiques, 2.

ŒUVRES DE WALTER SCOTT, nouvelle édition, 30 volumes in-8° sans figures. Prix : 90 fr.

On vend séparément chaque volume 3 fr.

LE MÊME OUVRAGE, nouvelle édition, imprimée sur beau papier cavalier. — *Conditions de la soucription* : Cette nouvelle et magnifique édition des romans de WALTER SCOTT, imprimée pour la première fois sur papier cavalier vélin, formera 25 volumes in-8°, ornés de 25 gravures dessinées par Raffet, gravées par nos premiers artistes, et de 25 portraits des principaux types des femmes les plus célèbres des romans de l'auteur de *Waverley*.

Chaque roman, orné d'un portrait et d'une gravure, sera divisé en neuf livraisons, et paraîtra au prix de 50 centimes par livraison, composée de deux feuilles de texte avec une gravure, ou de trois ou quatre feuilles de texte sans gravure. Il paraît un volume chaque mois et une livraison par semaine. La première est en vente. Prix du volume : 4 fr. 50 cent.

CHANSONS NOUVELLES DE P.-J. DE BÉRANGER, publiées in-8° et in-18, complément de toutes ces éditions. Prix, in-8° : 1 fr. 50 cent. — In-18, 1 fr.

NÉMÉSIS, par BARTHÉLEMY. Nouvelle et 7e édition, formant un beau volume in-8°, orné de 15 gravures sur acier, par Burdet, d'après RAFFET, et du portrait de l'auteur, 8 fr.

CAMPAGNE ET BATAILLE DE WATERLOO, d'après des documents complétement inédits, par ACHILLE DE VAULABELLE. 1 volume in-18 de 220 pages, avec une carte et quatre gravures. Prix : 1 fr.

IMPRIMERIE CLAYE ET TAILLEFER,
RUE SAINT-BENOIT, 7.

www.ingramcontent.com/pod-product-compliance
Lightning Source LLC
Chambersburg PA
CBHW060706050426
42451CB00010B/1301